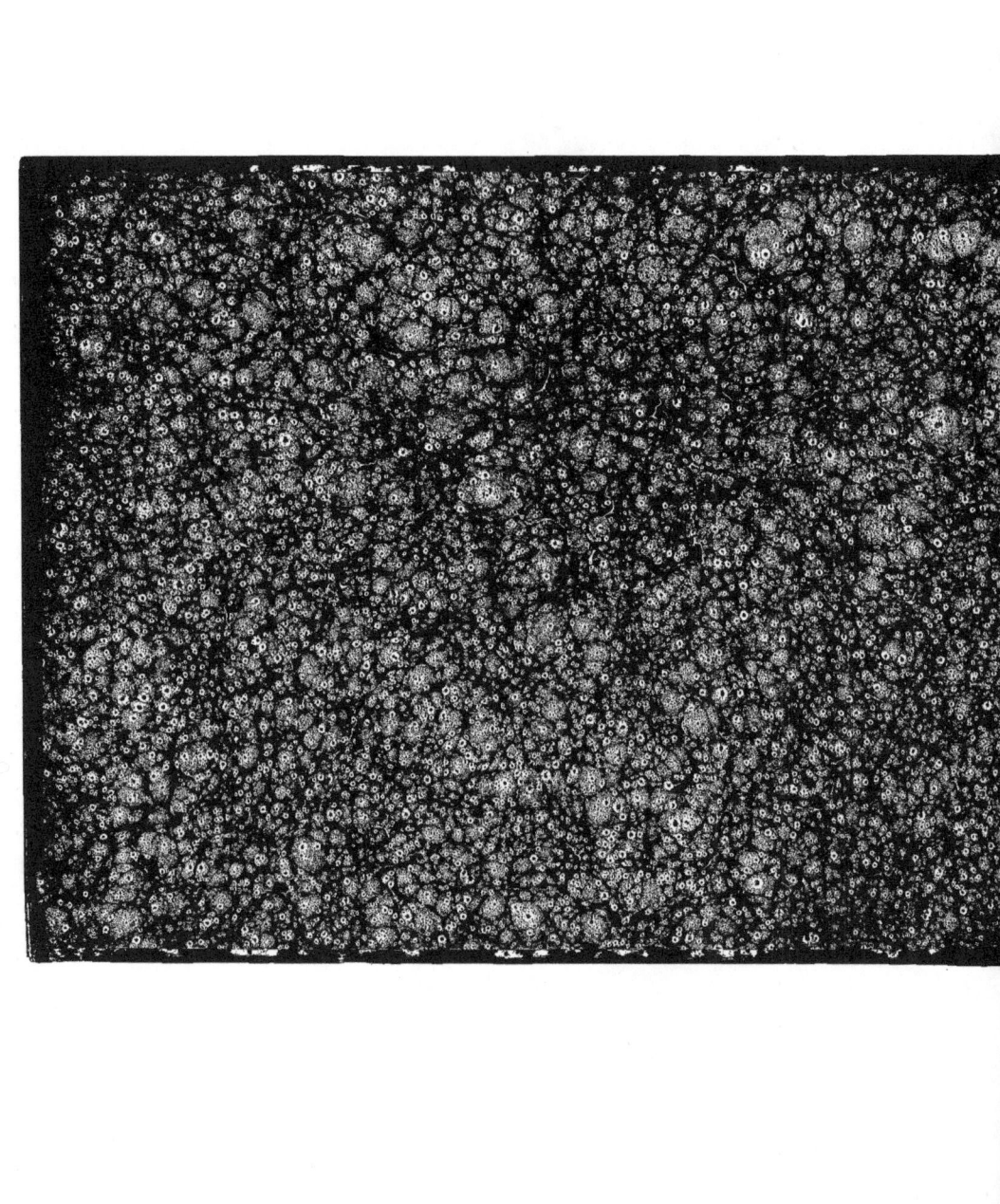

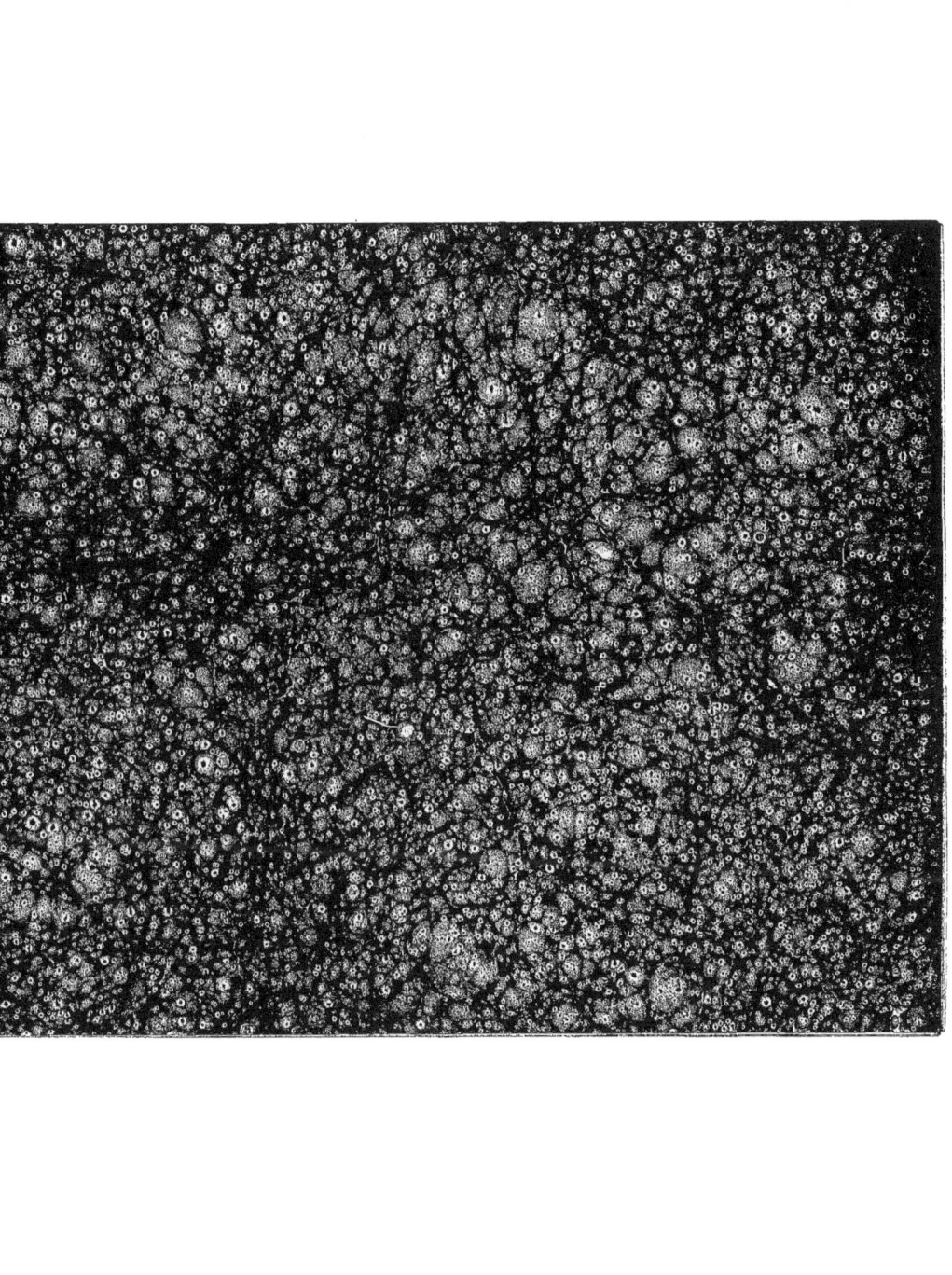

G
invis. inch.

5486

ATLAS

POUR

L'HISTOIRE GÉNÉRALE DES VOYAGES,

DE LAHARPE.

IMPRIMERIE DE FAIN, PLACE DE L'ODÉON.

ATLAS

POUR SERVIR A L'INTELLIGENCE

DE

L'HISTOIRE GÉNÉRALE DES VOYAGES,

DE LAHARPE,

EXÉCUTÉ

PAR BLONDEAU, GRAVEUR DU ROI.

PARIS,
RAYMOND, LIBRAIRE-ÉDITEUR, RUE DE LA BIBLIOTHÈQUE, N°. 4.
M DCCC XXIV.

NOMENCLATURE DES CARTES.

1. Mappemonde en deux Hémisphères.
2. Afrique.
3. Asie.
4. Indes en de-çà du Gange.
5. Inde, Presqu'île au-delà du Gange.
6. Océanie, ou cinquième Partie du monde.
7. Chine et Japon.
8. Sibérie et Kamtschatka.
9. Golfe du Mexique et Antilles.
10. Mexique.
11. Amérique méridionale.
12. Pérou.
13. Brésil.
14. Amérique septentrionale.
15. Europe.

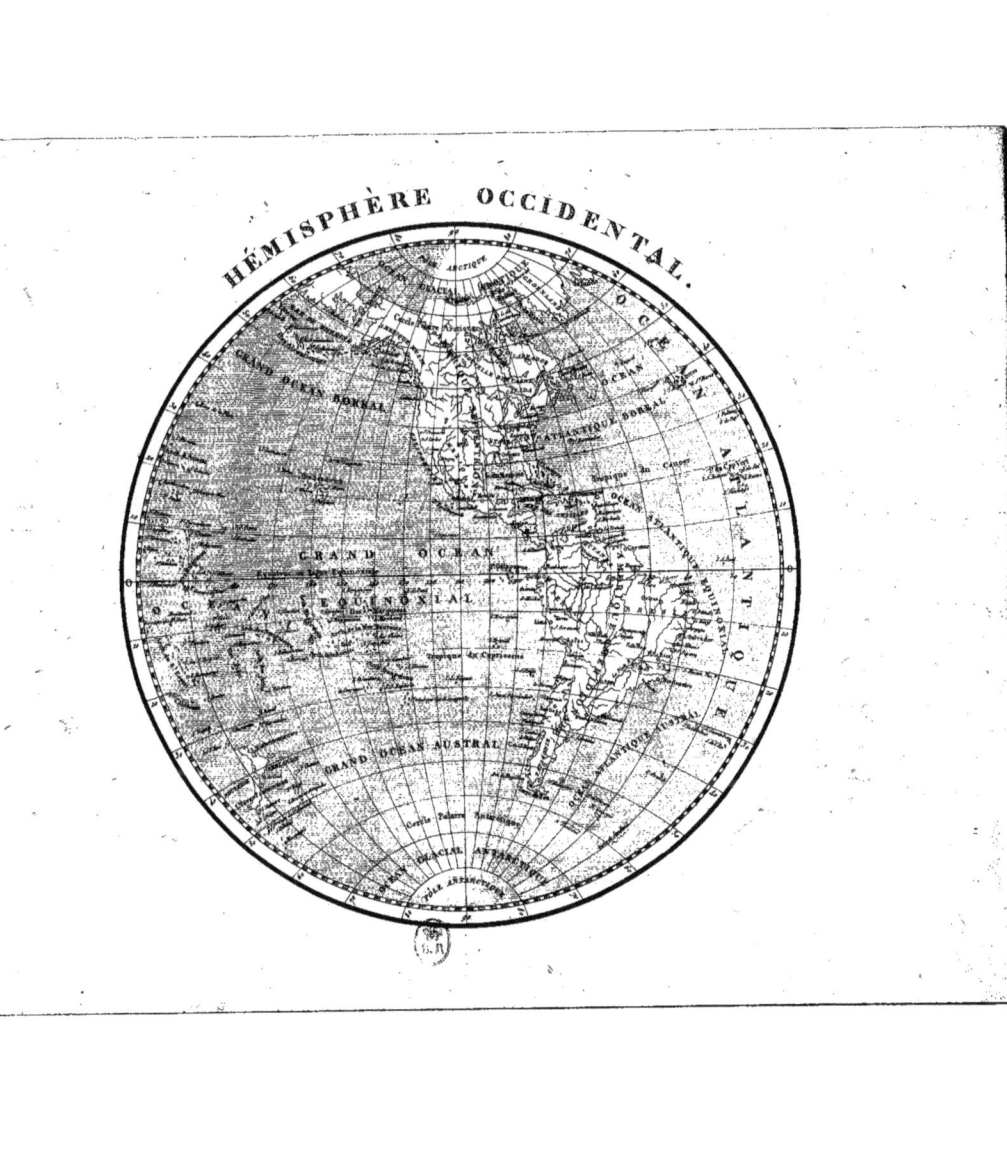

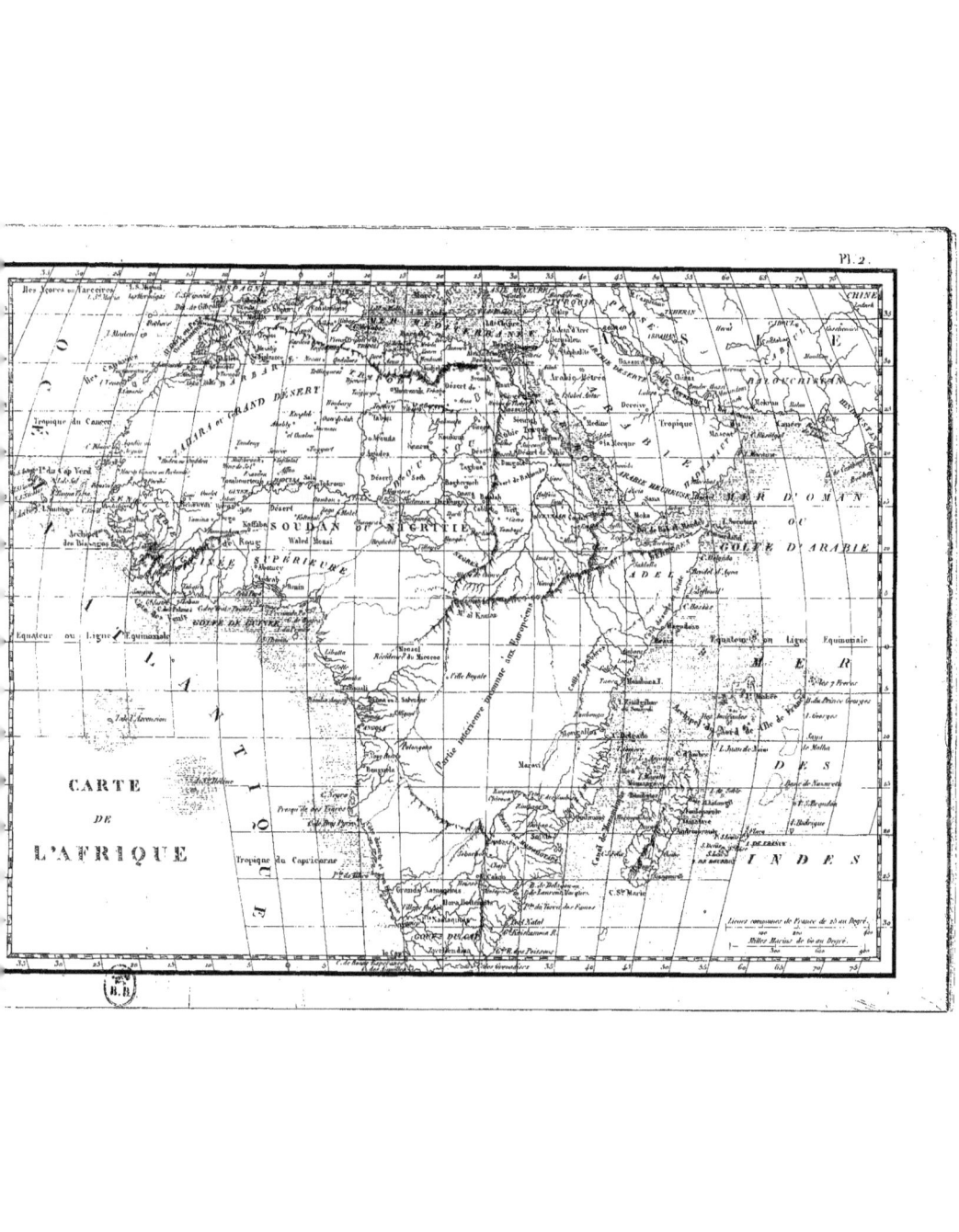

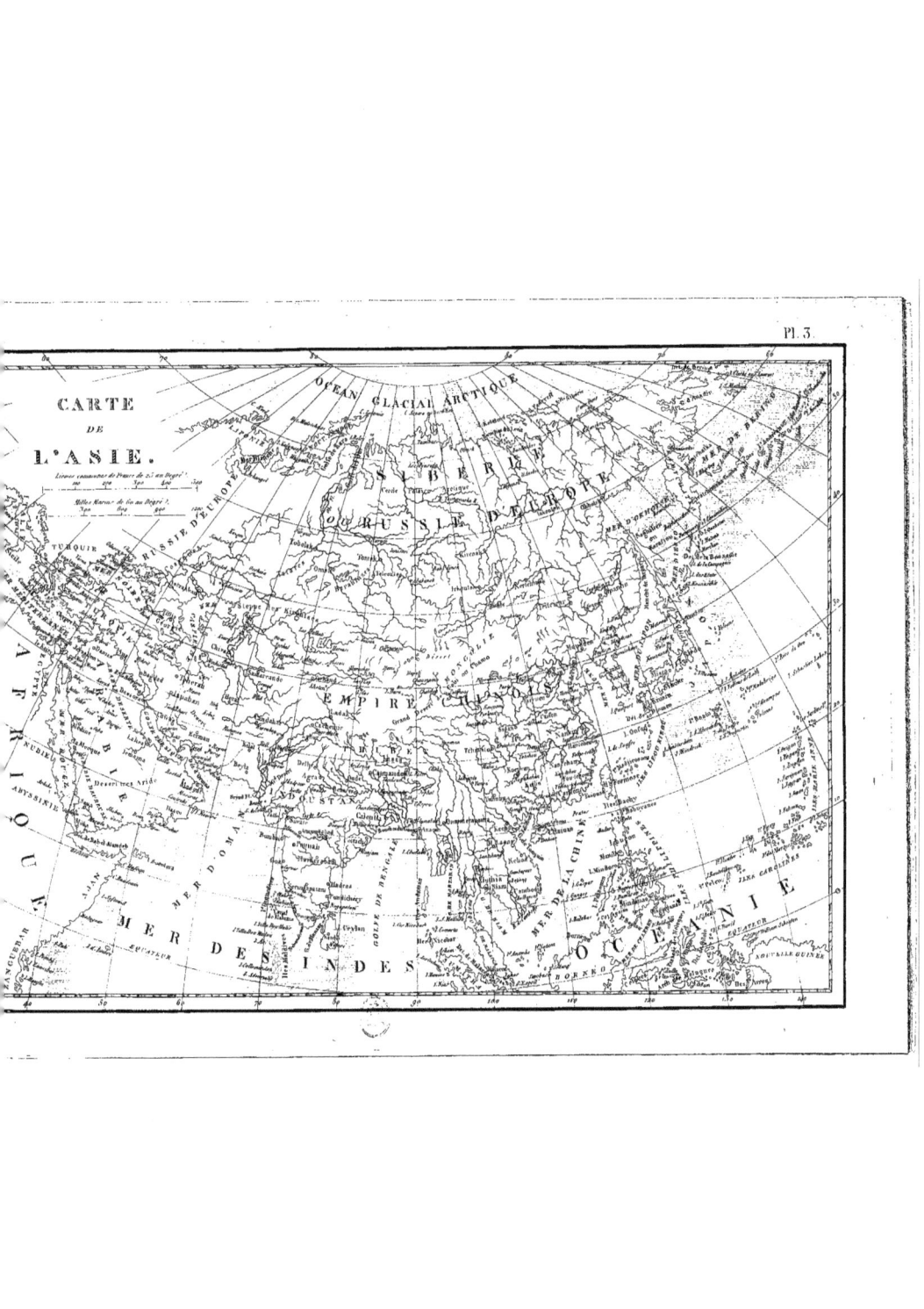

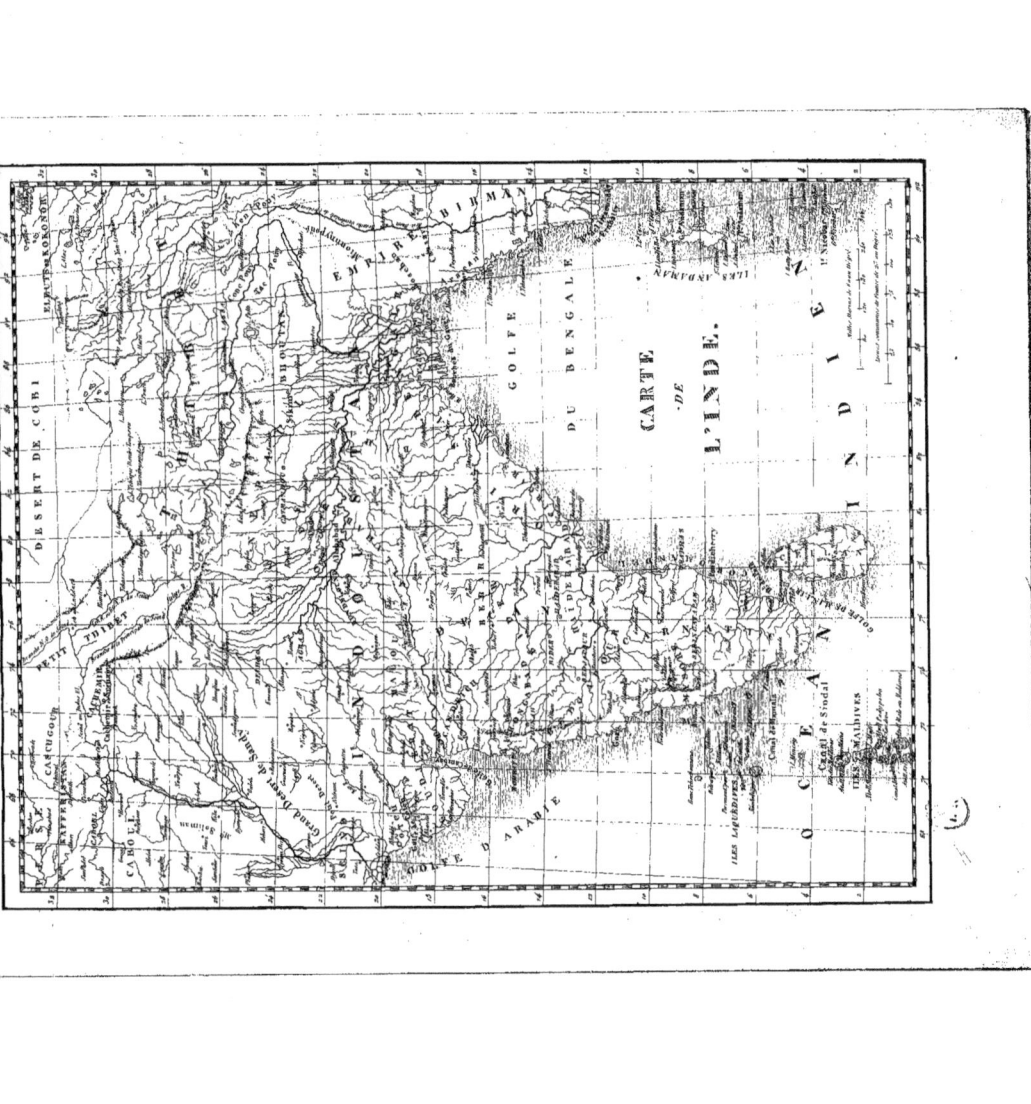

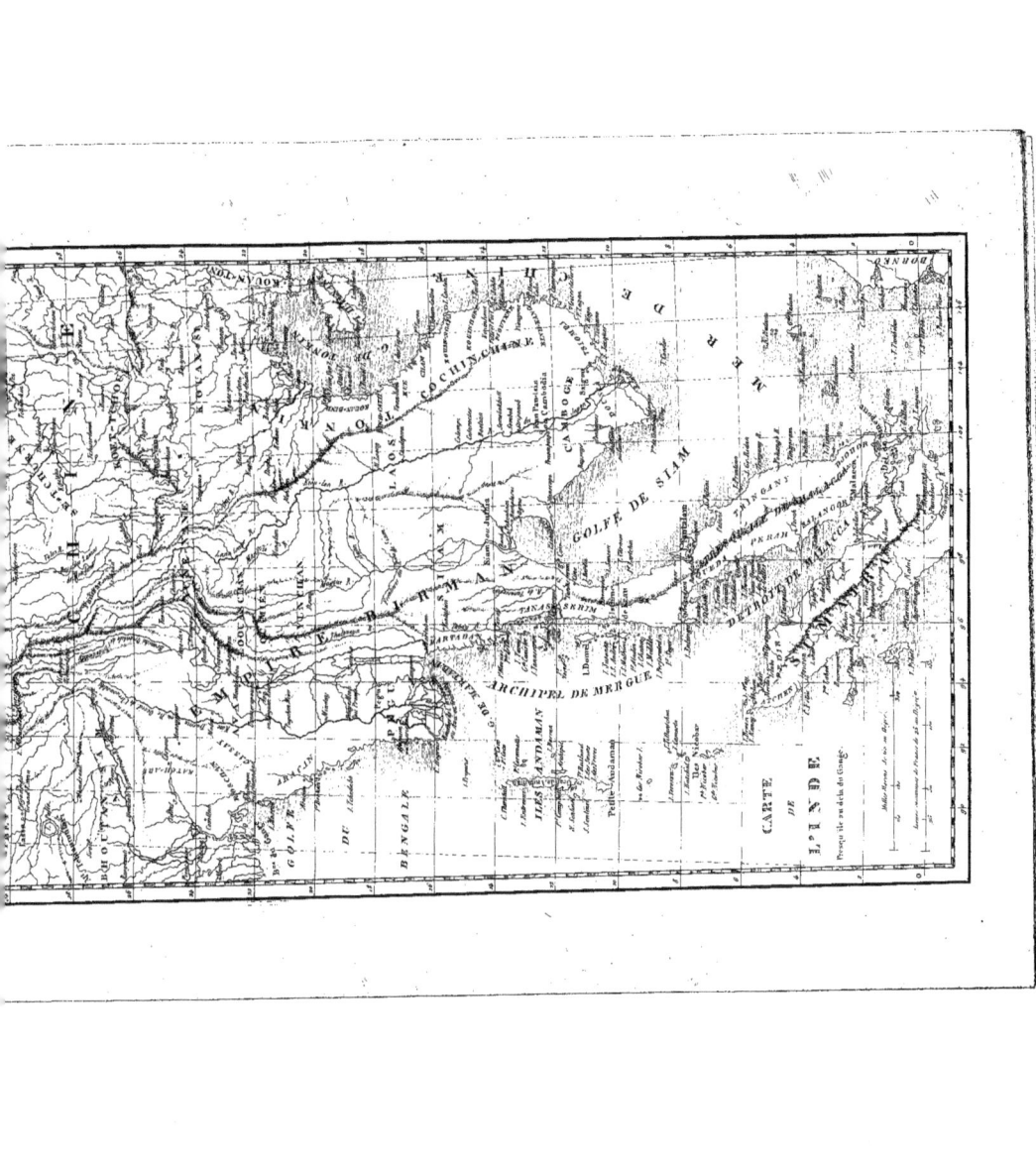

CARTE DE L'OCÉANIE ou Cinquième Partie du Monde

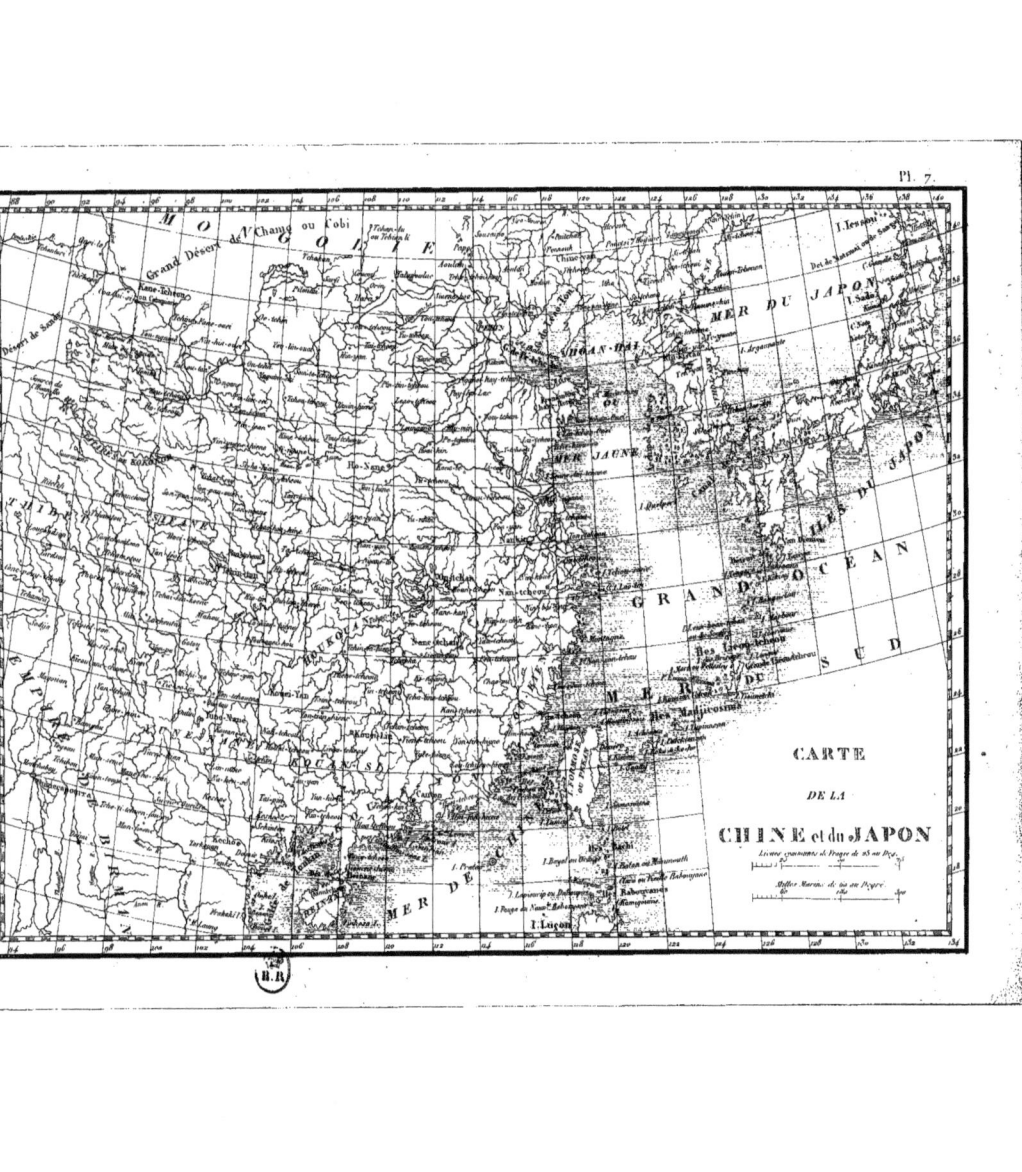

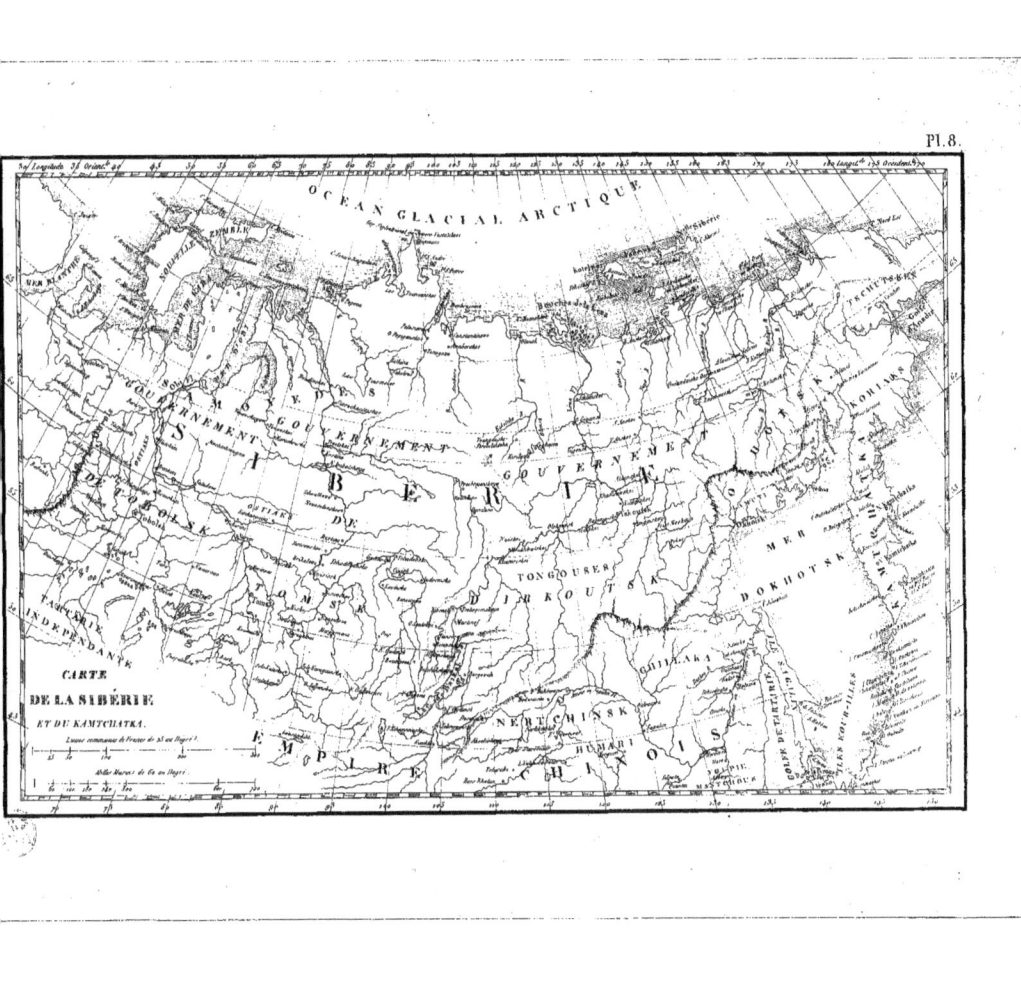

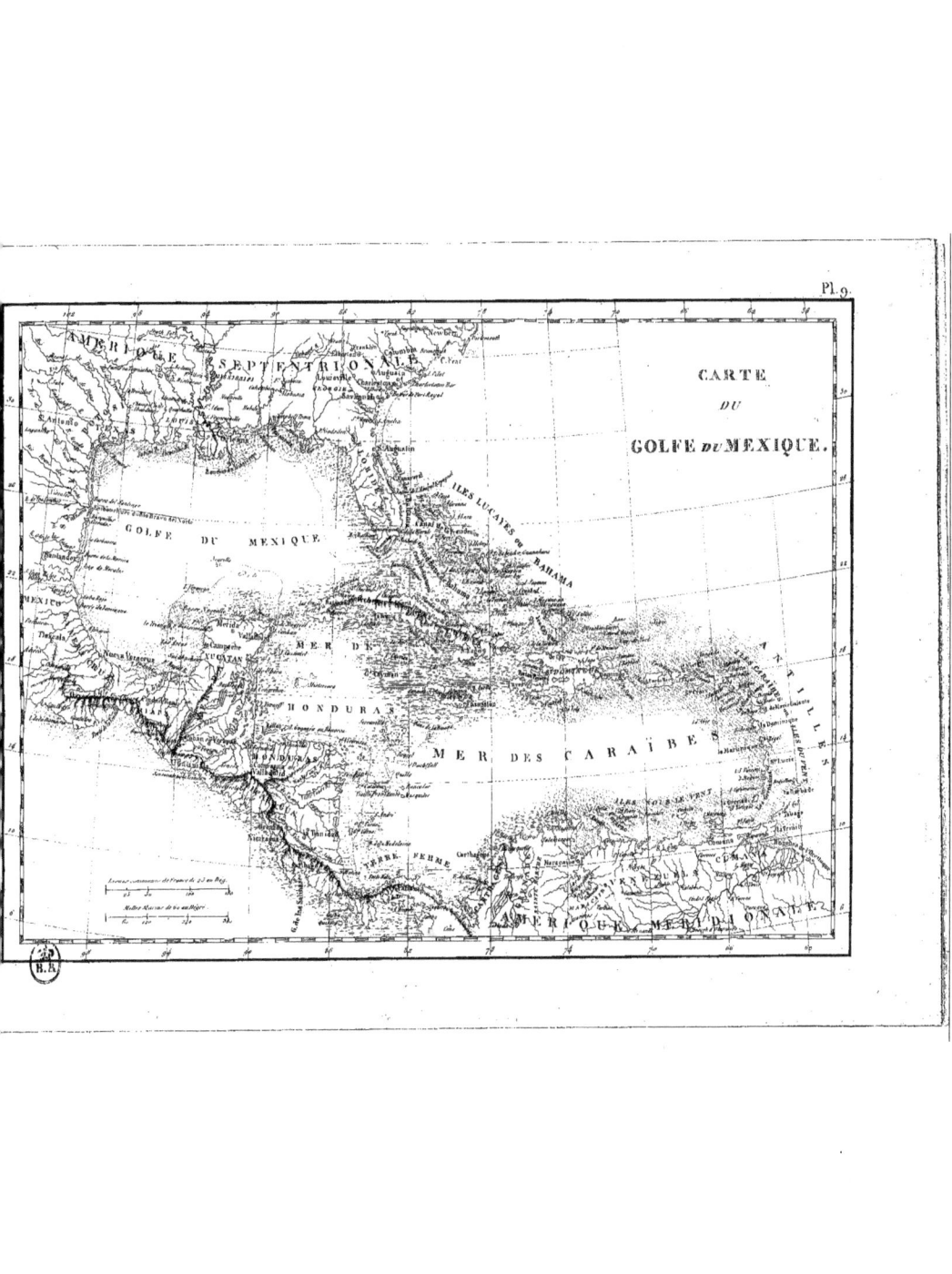

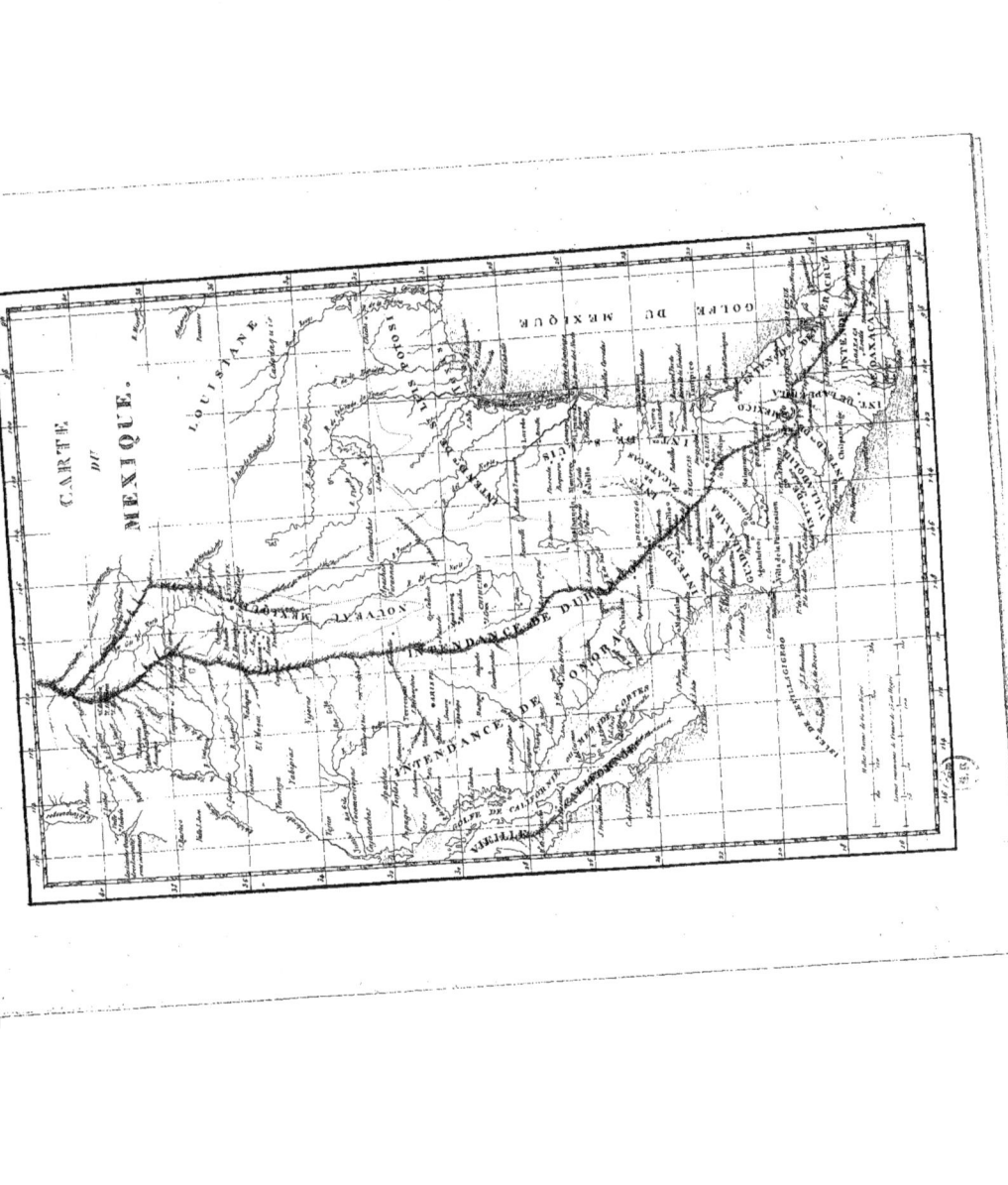

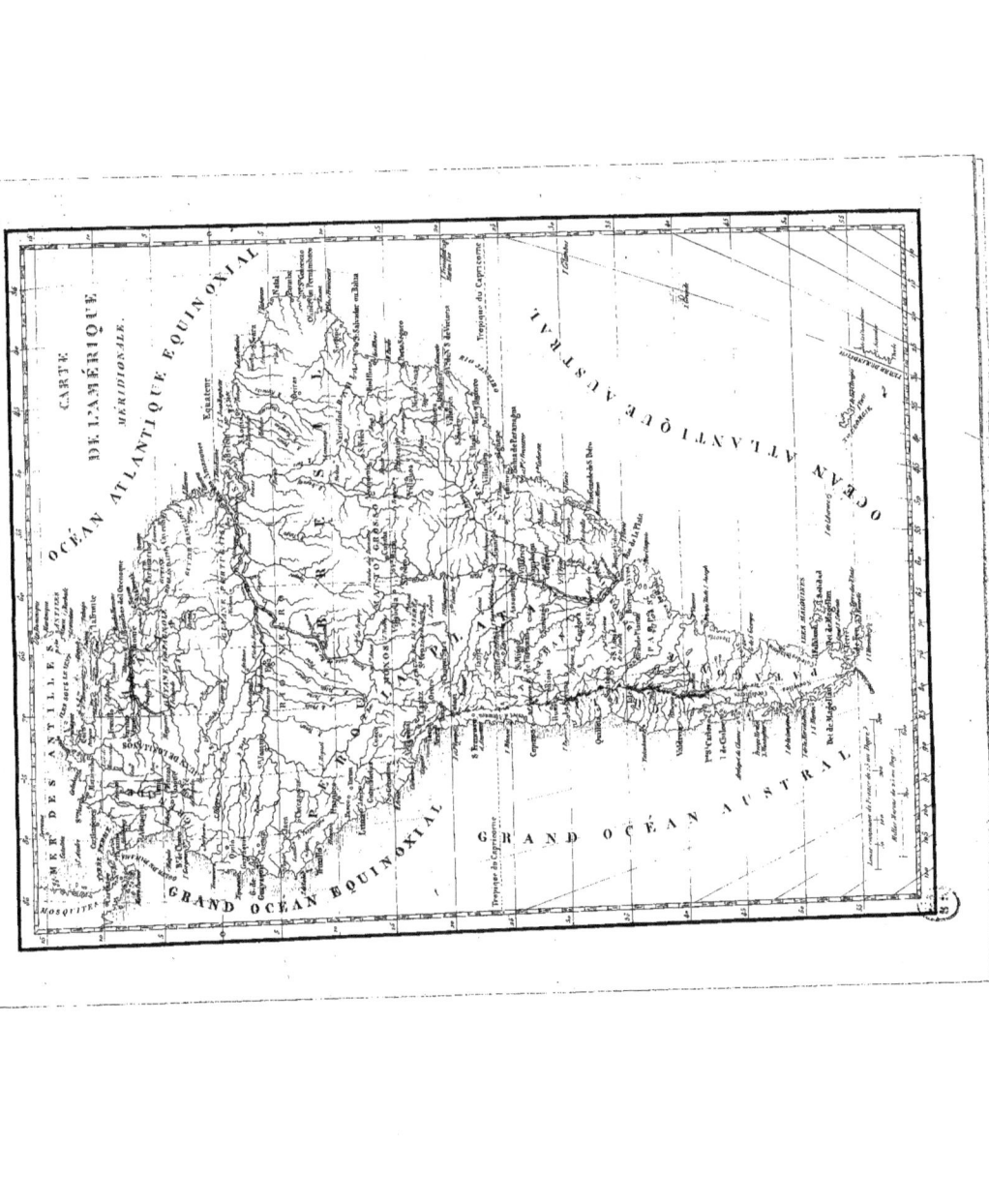

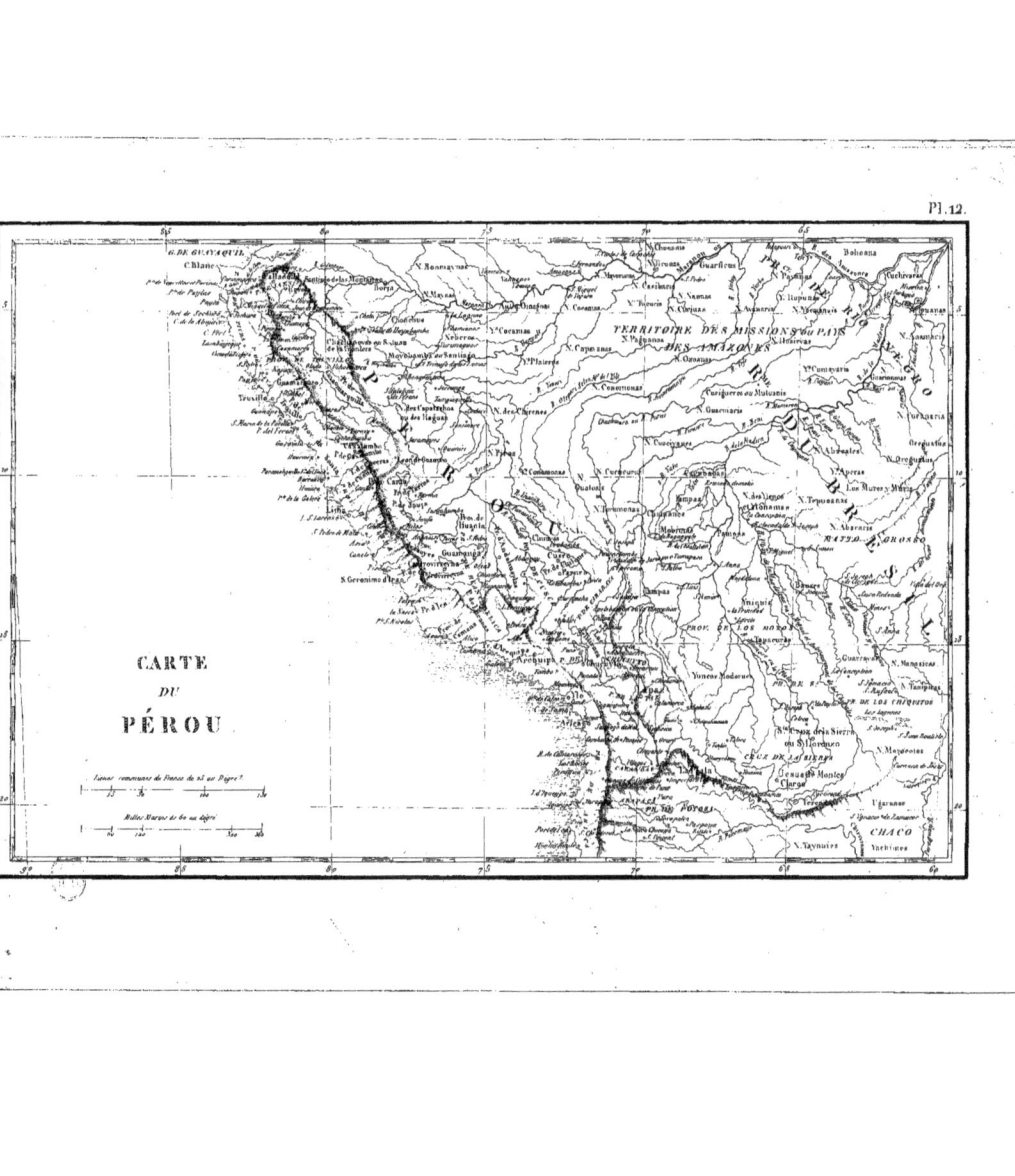

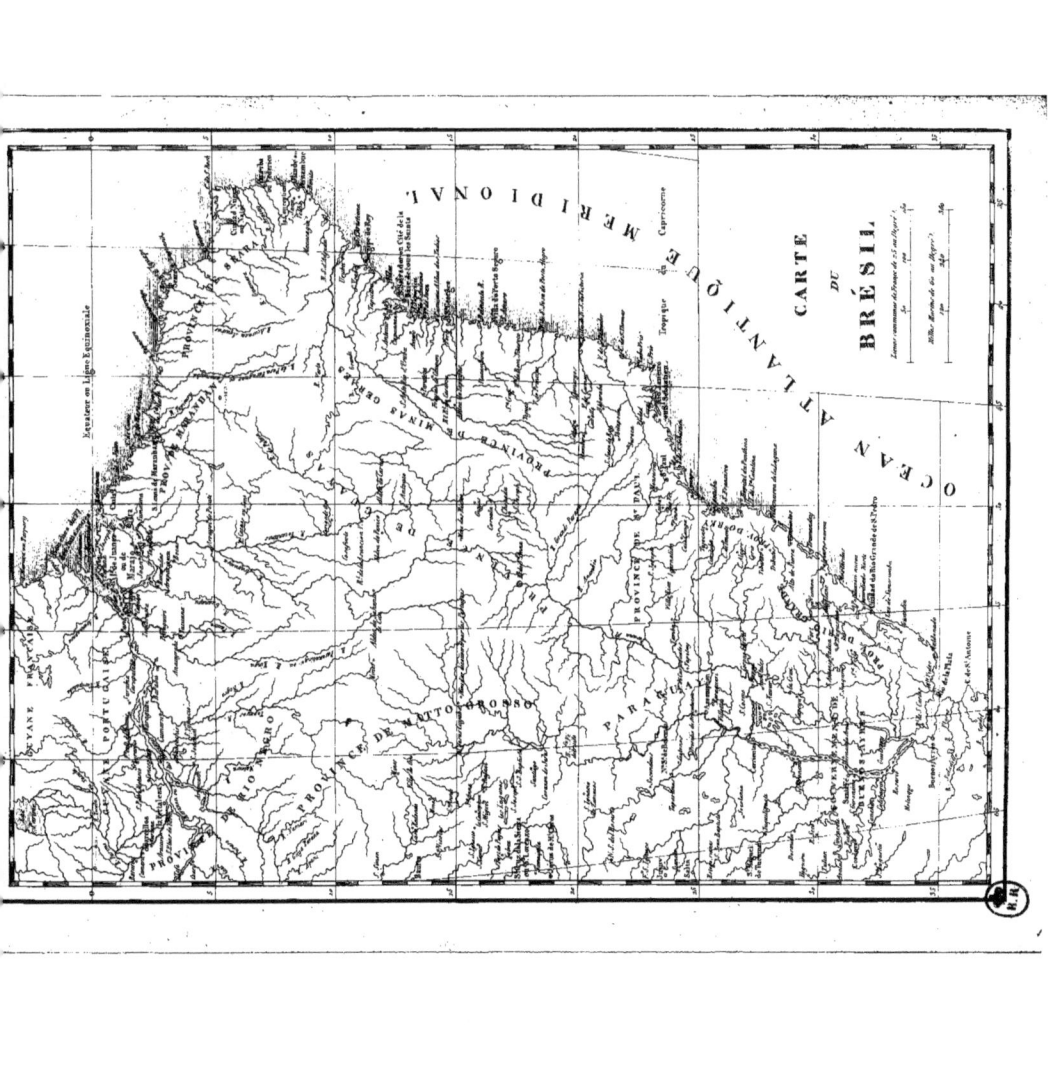

CARTE
DE
L'AMÉRIQUE
SEPTENTRIONALE

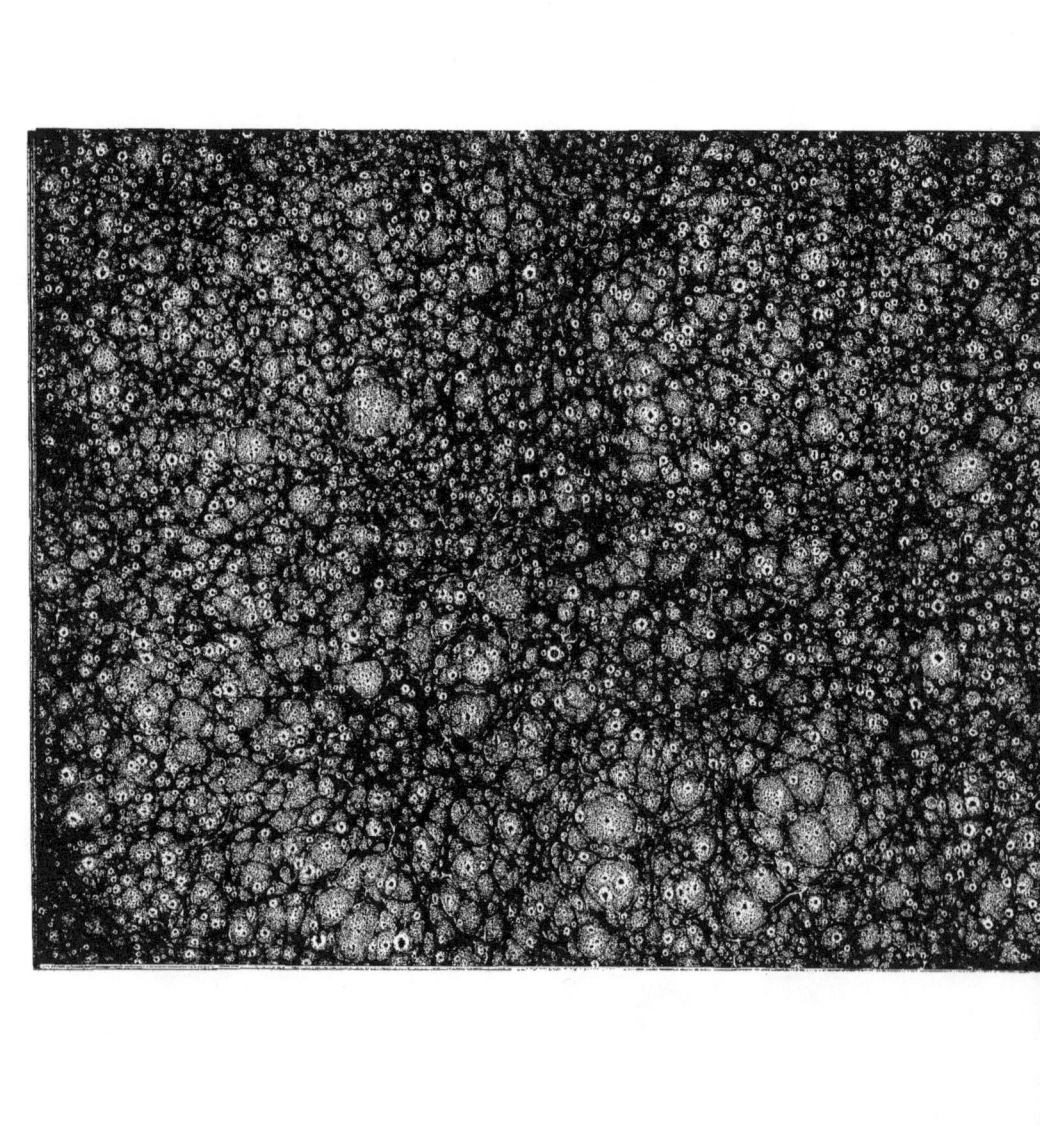

www.ingramcontent.com/pod-product-compliance
Lightning Source LLC
Chambersburg PA
CBHW070657050426
42451CB00008B/389